AF563726

LES

COMPAGNIES SOUVERAINES

DE

COLONISATION

PAR

J. LEVEILLÉ
Professeur à la Faculté de droit de Paris.

PARIS

LIBRAIRIE COTILLON

F. PICHON, SUCCESSEUR, IMPRIMEUR-ÉDITEUR,

Libraire du Conseil d'Etat et de la Société de législation comparée

24, RUE SOUFFLOT, 24.

1892

LES

COMPAGNIES SOUVERAINES

DE

COLONISATION

PAR

J. LEVEILLÉ
Professeur à la Faculté de droit de Paris.

PARIS

LIBRAIRIE COTILLON

F. PICHON, SUCCESSEUR, IMPRIMEUR-ÉDITEUR,

Libraire du Conseil d'Etat et de la Société de législation comparée

24, RUE SOUFFLOT, 24.

1892

DU MÊME AUTEUR :

L'abolition de la contrainte par corps.

Notre marine marchande et son avenir.

La réforme du Code d'Instruction criminelle.

La Guyane et la question pénitentiaire coloniale.

Etude sur la loi des récidivistes (parue dans le Journal *le Temps*).

Etude sur le casier judiciaire (parue dans le Journal *le Temps*).

EN PRÉPARATION

La réforme de la transportation. Les erreurs passées (la Guyane). **Les abus actuels** (la Calédonie); leur gravité au point de vue pénitentiaire et budgétaire.

La mise en valeur de nos possessions lointaines est la sérieuse préoccupation de tous les hommes qui s'occupent des questions coloniales.

Pour mener à terme une tâche aussi lourde, ce n'est pas trop de l'effort combiné des individus, des associations et de l'État. L'État, qu'est-il après tout, sinon le plus large et le plus respectable des syndicats, le syndicat de tous les contribuables français?

Des publicistes distingués ont émis l'opinion que, pour développer notre fortune d'outre-mer, nous n'avions chance de réussir qu'en reconstituant les grandes Compagnies de colonisation du XVIIe et du XVIIIe siècles. Ces grandes Compagnies différaient, on le sait, des groupements ordinaires par ce triple caractère qu'elles naissaient en vertu d'un acte de l'autorité publique, qu'elles étaient dotées de monopoles plus ou moins étendus et qu'elles exerçaient par délégation des pouvoirs quasi-souverains.

Le gouvernement ayant décidé de provoquer l'examen approfondi d'un problème aussi complexe, j'ai eu la bonne fortune d'être mêlé aux premières études qui en ont été faites. J'ai promptement acquis la conviction (et je l'ai exprimée dans la première partie de cette brochure) que, pour féconder les territoires neufs, le XIXe siècle avait trouvé dans la Compagnie de chemin de fer et plus généralement dans la Compagnie de travaux publics un instrument bien supérieur aux vieilles Compagnies de colonisation des siècles passés.

Lorsque l'affaire fut portée au Conseil supérieur des Colonies, une commission spéciale élabora un projet qui me parut un chef-d'œuvre d'imprévoyance. La commission spéciale avait en effet oublié d'imposer aux futures Compagnies aucune obligation; elle avait au contraire, avec une générosité infinie, conféré à ces mêmes Compagnies tous les privilèges possibles, tous les droits régaliens possibles, notamment le droit, terrible aux mains de certains financiers, de lever des impôts sur la population des territoires concédés. Il est vrai que dans le désir de ses honorables auteurs ce statut léonin ne devait pas être soumis au Parlement. Je comprends ce désir. M. le sous-secrétaire d'État Étienne ayant publié au *Journal officiel* les discussions qui se sont produites au Conseil supérieur, j'imprime dans la seconde partie de cette brochure le projet de la commission spéciale et le réquisitoire très énergique que j'ai, en assemblée générale du Conseil supérieur, dirigé contre l'ensemble et contre le détail de ses propositions.

Le cabinet, présidé alors par M. de Freycinet, qui avait le juste sentiment de sa responsabilité morale et politique, ne pouvait déférer aux vœux du Conseil supérieur. Aussi a-t-il livré aux Chambres dans sa plénitude la question si grave du rétablissement ou du non-rétablissement des grandes Compagnies de colonisation. Je ne puis que le féliciter respectueusement de la résolution si prudente et si sage qu'il a prise. Je regrette toutefois que, au lieu de réclamer le vote rapide d'une loi organique, simple, courte, énonçant quelques principes essentiels mais nécessaires, le cabinet présidé par M. de Freycinet ait en quelque sorte demandé aux Chambres de lui accorder un blanc-seing. Le pouvoir exécutif, en effet, ne sollicitait-il pas hier des deux Chambres la faculté exorbitante de conférer aux personnages qu'il voudra, sur les territoires qu'il voudra, pour la période qu'il voudra, les monopoles qu'il voudra, les droits régaliens qu'il voudra, aux conditions qui lui plaisent? Je ne suis pas surpris que la Commission spéciale du Sénat, composée d'hommes expérimentés, ait accueilli une pareille requête de la façon la moins encourageante.

Le cabinet actuel réparera l'erreur commise; et l'honorable M. Jamais, dont l'intelligence et l'intégrité sont appréciées de tous, saura trouver sans grands efforts, j'imagine, la formule précise qui lui permettra d'assurer l'expansion de l'influence française, en atteignant ces deux résultats, également souhaitables : écarter l'essaim dangereux des purs aventuriers, et grouper au contraire dans des associations fortes et honnêtes, soumises aux règles très suffisantes et très souples du droit commun qu'il connaît si bien, nos négociants les plus habiles et nos industriels les plus vigoureux.

MÉMOIRE

REMIS EN 1890 A LA COMMISSION ADMINISTRATIVE CHARGÉE, SOUS LA PRÉSIDENCE DE M. J. ROCHE, D'ÉLABORER L'AVANT-PROJET RELATIF AUX COMPAGNIES DE COLONISATION.

Dans cette étude j'espère prouver deux choses :

1° Qu'il ne faut pas essayer de ressusciter les grandes Compagnies souveraines d'autrefois;

2° Que le gouvernement peut atteindre le but élevé et patriotique qu'il vise par des moyens plus modernes, qui répondent à tous les besoins de la situation, qui sont plus conformes aux idées de notre temps et qui sont plus sûrs que les procédés anciens.

Je vais, aussi brièvement que possible, motiver les conclusions que je viens de formuler.

I.

Il ne faut pas essayer de ressusciter les Compagnies souveraines d'autrefois.

Au XVIIe, au XVIIIe siècle, le roi de France, en son Conseil, concédait en *propriété* et en *seigneurie* un vaste territoire à une association qui recevait mission de l'exploiter et de le gouverner. Ces concessions étaient de véritables inféodations, entraînant l'hommage au roi; cela est écrit dans toutes les chartes.

Convient-il en 1890 que nous reprenions ce type historique? Non, et pour deux raisons. Le Ministère qui proposerait cette résurrection se heurterait aux résistances du Parlement; et une fois de plus les grandes Compagnies à pouvoirs trop larges ne produiraient dans l'avenir que de mauvais résultats.

I. — Le Parlement d'abord ne permettrait pas au Gouvernement de rétablir les grandes Compagnies. Il s'y opposerait par des considérations de fait et de droit.

Au point de vue des principes, le projet rencontrerait des

adversaires nombreux dans les Chambres parmi les hommes qui se piquent d'être jurisconsultes ou économistes. Les jurisconsultes diraient : « Nous ne sommes pas restés en France un peuple féodal « comme les Anglais; nous n'étions pas, hier encore un peuple « morcelé ou fédéré comme les Allemands ou les Italiens; nous « sommes jusqu'à l'excès un peuple unitaire, fermement attaché « au dogme de l'indivisibilité de l'État, dogme écrit depuis 1790 « sur nos monuments et dans nos cerveaux; notre République « démocratique ne peut pas déléguer une fraction quelconque de « la souveraineté à des corporations qui seraient en face du « grand État Français de véritables Etats indépendants, des États « parcellaires et autonomes. » Les économistes diraient à leur tour : « Une grande Compagnie ne peut vivre qu'au moyen « de monopoles ou tout au moins de privilèges accumulés; or la « Révolution de 1789 a été faite surtout contre les privilèges et « contre les monopoles de tout genre et de toute taille. »

De telles incriminations, je le sais, tournent promptement à la déclamation, elles sont vagues, elles ne sont pas irréfutables, mais elles sont aisées à présenter, à répéter, à développer, elles sont à la portée du premier improvisateur venu.

D'ailleurs les adversaires du projet ne manqueraient pas d'invoquer contre lui l'expérience cruelle des faits. Toutes les grandes Compagnies que nos rois ont fondées, après une existence pénible et tourmentée, ont fini par sombrer; quelques-unes d'entre elles même sont mort-nées. De nos jours M. de Bismarck a commencé par instituer des Compagnies souveraines; il l'a fait en 1885, en 1886; et déjà ces Compagnies allemandes végètent, elles agonisent, et, malgré ses discours officiels de 1885, de 1886, M. de Bismarck a dû plus d'une fois substituer l'action réparatrice de l'État à l'action impuissante et désordonnée des Compagnies privées.

Par conséquent je doute fort que les Chambres autorisent le Gouvernement à rétablir des Compagnies souveraines, ce rétablissement fût-il demandé par les Ministres. Les Chambres déclareraient sans doute que les grandes Compagnies de colonisation sont un type faux, un type condamné par l'histoire, l'histoire d'hier et l'histoire d'aujourd'hui.

II. — Mais je veux admettre que les Chambres accordent aux Ministres la permission que ceux-ci solliciteraient de relever les grandes Compagnies d'autrefois. Quels seraient les résultats probables et prochains de cette répétition du passé?

Je crois que ces résultats seraient déplorables et que le Cabinet qui aurait pris l'initiative de pareilles mesures et poussé le Parlement dans cette aventure encourrait vite de ce chef les plus lourdes, les plus écrasantes responsabilités.

Ce n'est pas que l'enfantement des grandes Compagnies, renouvelées du XVIIe siècle, fût à cette heure lent et laborieux en France, si demain le Gouvernement décidait d'entrer dans cette voie. Je suis au contraire persuadé que la création en serait trop facile et trop rapide. En quelques semaines le Gouvernement pourrait, s'il le voulait, trouver à qui distribuer jusqu'à la dernière nos diverses possessions d'outre-mer présentes et futures. Les quémandeurs de concessions ne manqueraient pas, non plus que les courtiers. Des personnages, qui n'ayant pas un champ au soleil ne redoutent guère pour eux les responsabilités individuelles, offriraient au Gouvernement, assez léger pour se laisser duper, des millions et des millions que ces prestidigitateurs extirperaient ensuite avec des majorations scandaleuses des poches du public métropolitain. Il est si aisé à des fondateurs peu scrupuleux de sociétés par actions, se concertant comme honnêtes gens en foire, d'estimer largement, à charge de revanche, leurs apports réciproques, alors surtout que l'objet des apports est situé au loin, par delà l'Océan, jusque dans les immensités du Pacifique. La création des grandes Compagnies serait une belle affaire pour les habiles qui s'occuperaient du lancement des titres et qui n'engageraient que l'argent des autres dans les opérations sociales conduites par eux ou par leurs collaborateurs intimes à grande distance.

Mais les Compagnies de colonisation sont écloses par hypothèse. Comment vont-elles fonctionner? Ce sont des Compagnies à tout faire; elles sont investies de privilèges commerciaux à peu près indéfinis, d'attributions administratives à peu près illimitées. Comment les privilèges commerciaux de ces Compagnies se concilieraient-ils avec les intérêts concurrents et jaloux des autres négociants métropolitains et créoles? Puis, quels devoirs publics ces Compagnies rempliraient-elles effectivement? Tous ceux qui incombent à un gouvernement digne de ce nom, ou seulement ceux-là qui peuvent être l'occasion d'un profit pécuniaire? Des associations marchandes seraient après tout excusables d'aimer et de cultiver par-dessus tout le dividende. Aux dépens de qui poursuivraient-elles ce dividende qui est en somme leur raison d'être? Quelle garantie positive aurions-nous que les indigènes ne seraient pas pressurés à outrance, acculés peut-être à la révolte par les hauts seigneurs de la société? Quelle garantie positive aurions-nous que la Métropole ne serait pas quelque jour, malgré ses réserves et contre ses volontés, amenée, contrainte à des interventions coûteuses et imprévues par suite des fautes ou des crimes de ces Compagnies souveraines ou de leurs agents?

Si la concession consentie aux Compagnies était longue, nous ne pourrions nous débarrasser de ces groupes politico-financiers qu'en rachetant, avant l'expiration de leur charte, leurs droits de souveraineté et d'exploitation. A quel prix ferions-nous ces rachats de droits et de devoirs mélangés? Et quelle serait, en face de ces crises et peut-être de ces catastrophes, l'attitude du Cabinet républicain qui aurait, malgré la leçon éclatante du passé, repris pour coloniser un instrument dont le passé avait déjà démontré, chez nous et ailleurs, les vices constitutionnels et les dangers?

II.

Il faut par des procédés plus précis et plus sûrs que l'emploi des grandes Compagnies souveraines pourvoir à la mise en valeur et à l'administration de nos nouvelles ou futures possessions d'outre-mer.

Ce qui a caractérisé les grandes Compagnies de colonisation, telles que le XVIIe siècle les a conçues et pratiquées, c'est que, dans un périmètre déterminé qui était habituellement très vaste, ces Compagnies étaient à la fois chargées de l'exploitation et de la domination d'un pays. Sous la suzeraineté du concédant, elles tenaient un territoire entier en *propriété* et en *seigneurie;* elles étaient simultanément investies d'une fonction économique et d'une fonction politique.

C'est justement ce cumul d'attributions que je repousse pour ma part; c'est ce principe fondamental des anciennes Compagnies qui, selon moi, ne doit pas revivre. Non pas qu'il ne faille point pourvoir dans ces territoires à la fonction économique et à la fonction politique; elles sont essentielles toutes deux à l'existence et au progrès d'une colonie; mais ces deux fonctions presque également importantes, il n'est point indispensable du tout qu'elles soient confiées aux mêmes individus, au même groupe d'individus. Il conviendrait plutôt d'appliquer ici la règle salutaire d'une division tempérée du travail.

Le système que je recommanderais peut s'énoncer en une ligne : la fonction économique doit appartenir à la Compagnie, mais la fonction économique seulement.

Voici maintenant comment je combinerais les diverses parties du système auquel la réflexion m'a conduit.

Le but qu'il s'agit d'atteindre est double. Nous voulons, en engageant le moins possible la Métropole, organiser le mieux possible dans une Colonie jeune la production et le Gouvernement.

1° De la mise en valeur. — Ce n'est pas dans l'arsenal du XVIIe siècle, c'est dans l'arsenal plus moderne du XIXe que je cherche et que je trouve, sauf à le modifier un peu, l'instrument qui amènera la Colonie naissante à l'état de rapport.

Je m'attache à un type connu qui a fait ses preuves sous nos yeux et de nos jours. Ce type, auquel tous les esprits sont accoutumés, précieux avantage, c'est la Compagnie de chemin de fer.

Nous voulons par hypothèse parvenir au centre d'un continent presque vierge. Je demanderai que l'État, s'il le faut, traite avec une société et qu'il concède à cette société, d'un point terminus à un autre point terminus, l'exécution d'une immense ligne ferrée qui, cela va de soi, se réalisera par tronçons successifs. L'État pourrait, bien entendu, concéder autre chose : une ligne d'eau à établir, une série de puits à forer, une simple route de terre à tracer, la régularisation d'une rivière à opérer, un port à creuser, etc. Mais je reviens à l'exemple particulier d'une ligne ferrée que j'avais indiqué d'abord.

Ordinairement en France nos Compagnies de chemin de fer se bornent à construire une voie, puis à l'exploiter ; elles font des transports et ne font que cela. Dans un pays neuf la division du travail ne peut être toujours poussée aussi loin que dans notre vieille Europe. Aussi admettrais-je fort bien pour ma part, qu'une Compagnie, chargée en Afrique ou en Asie de voiturer les fruits du sol, assumât par surcroît le soin en quelque sorte latéral de veiller à leur production. La Compagnie ne s'occuperait pas seulement de créer un outil, elle s'occuperait en outre de créer le trafic, nécessaire au jeu de l'outil. La préparation du trafic avancerait en même temps que l'entreprise de la voie. J'ai constaté déjà, et sur place, dans le Turkestan cette haute prévoyance des Russes qui, colonisateurs admirables, ont dès le premier jour attaqué simultanément ces deux questions en réalité connexes, la pose des rails et la poursuite d'un fret ultérieur.

Mais comment, chez nous, mettrons-nous une Compagnie de chemin de fer en position de préparer son trafic futur? d'une façon très simple. L'État n'a pas seulement voulu qu'un chemin de fer fût ouvert; il a dû vouloir que ce chemin, une fois ouvert, travaillât. L'État, dès lors, en même temps qu'il concéderait la voie à la société, lui concéderait du même coup sur une largeur à débattre une bande profonde du terrain limitrophe que la société aurait aussitôt le devoir exprès de peupler dans des délais préfixes. Si le climat permettait d'installer des Français dans la région parcourue, la société devrait y installer des Francais. Ceux-ci, assurés désormais grâce à la voie rapide de leurs approvisionnements et de leurs débouchés, garantis en outre par le voisinage de leurs compatriotes contre la nostalgie, investis enfin de la propriété incommutable de leur lot sous l'obligation d'y planter des matières d'exportation, ceux-ci, dis-je, fourniraient bientôt un aliment constant aux wagons de la Compagnie, un revenu à peu près régulier à ses titres.

Le chemin de pénétration doit devenir de nos jours le perforateur des continents inconnus le vrai colonisateur des pays vierges. Toutefois, pour remplir cette mission, il ne suffit pas que la Compagnie concessionnaire étende à travers les sables deux rubans de métal ni qu'elle érige d'étape en étape une série d'ouvrages ; elle doit, le long de la voie, par elle-même ou par des cessionnaires qu'elle stimule, semer abondamment et d'avance le fret de l'avenir.

Une Compagnie comprise avec cette ampleur, dotée des deux attributions jumelles et complémentaires l'une de l'autre que j'ai dites, en s'éloignant chaque jour un peu plus de sa base d'opération, ferait en quelque sorte marcher de front dans un magnifique mouvement d'ensemble l'agriculture, le commerce, l'influence morale et la paix.

Je ne contesterai certes pas que la colonisation française du XVIIe siècle ait brillé dans l'histoire ; en quelques années elle s'est épandue sur d'énormes surfaces ; et cependant elle n'a pas résisté aux orages qui l'ont assaillie ; elle était faible en dépit des apparences ; elle a péri et elle devait périr par suite de la dispersion imprudente des hommes et de l'éparpillement maladroit des forces. Le rail au contraire, sur lequel j'édifie le système que j'expose, se déroulera sans doute avec une certaine lenteur ; mais une fois posé il restera, procurant la communication permanente des individus et la solidarité des centres. Les centres, ce sont les stations principales de la ligne, anneaux d'une chaîne qui s'allongera graduellement, en proportion exacte des efforts et des ressources dépensés.

Il ne s'agirait plus par conséquent dans nos nouvelles possessions de courir à travers les plaines et les vallées, comme le firent nos ancêtres, de ces *raids* audacieux qui ne laissaient de trace que sur la neige. Non, par nos hommes et par nos capitaux, s'appuyant les uns les autres, se flanquant les uns les autres, nous occuperions pas à pas la région que nous aurions reconnue, les postes que nous aurions étudiés et choisis ; nous pousserions des racines dans le sol, et ce sont les racines qui font la forêt éternelle.

Ainsi dans ma pensée la fonction économique de la colonisation serait remplie par des Compagnies que l'État instituerait.

Mais le rôle des Compagnies que je préconise serait défini d'une façon nette et limitée. Elles devraient se consacrer à deux tâches principales : 1° *peupler le territoire qu'elles auraient reçu en dotation ; 2° établir une voie perfectionnée de transport destinée à l'écoulement des produits d'une zone étendue.*

2° De l'administration. — Mais comment constituerons-nous le Gouvernement de nos jeunes colonies? Les anciennes chartes françaises confèrent cette mission élevée aux Compagnies ; à peine ces mêmes chartes contiennent-elles au profit du roi quelques réserves de forme ou d'honneur. C'est la Compagnie elle-même qui exerçait tous les droits de souveraineté ; c'est elle qui nommait le Gouverneur, les officiers, les magistrats; c'est elle qui levait les impôts; c'est elle qui déclarait et soutenait la guerre; c'est elle qui négociait les traités d'alliance. Le roi de France, en digne gentilhomme, ne gardait guère en retour de sa concession qu'une attribution d'ailleurs pleine de péril, il s'obligeait à défendre la Compagnie même par les armes contre l'ennemi.

Je propose de rompre avec cette tradition. J'ai prudemment enfermé dans le cercle restreint des questions économiques la Compagnie de chemin de fer (*ou de canalisation*) dont j'ai parlé au paragraphe qui précède. A qui confierons-nous dès lors dans nos possessions nouvelles les pouvoirs publics, prérogatives habituelles de l'autorité, le pouvoir judiciaire notamment, le pouvoir fiscal? Quel sera sur ces divers points notre système?

Le principe duquel je me suis inspiré dans cette partie du projet, c'est qu'il faut réduire au minimum la fonction gouvernementale, afin que cette fonction ne devienne pas, au préjudice même des activités individuelles, une entrave et une cause de cherté des exploitations. Gouverner le moins possible, mais cependant gouverner avec énergie, avec décision, dans la mesure du nécessaire. Ce principe, qui répond, je crois, à la situation spéciale que j'étudie, m'a conduit aux applications suivantes :

La population de la Colonie comprend deux éléments distincts, que nous ne saurions soumettre au même régime : les indigènes et les Européens. Ces deux éléments quoique juxtaposés diffèrent l'un de l'autre par les mœurs, par la religion, par le développement intellectuel, par le nombre même.

Nous pouvons prendre le contact des indigènes au moyen d'un protectorat discret. Il sera longtemps habile et économique de n'agir sur eux que par l'intermédiaire de leurs chefs naturels, ce qui ne nous empêchera pas de faire insensiblement le triage attentif de ces chefs, élevant ceux d'entre eux qui nous sont favorables, abaissant et éliminant sans bruit ceux-là au contraire qui nous seraient hostiles. Pour ces races primitives nous devons ambitionner de représenter toutes les supériorités, la science, la justice impartiale, le bien-être, le respect de tous les droits et de tous les intérêts, même les plus humbles. Il faut nous abstenir à tout prix des actes de violence et garder l'épée volontairement au fourreau.

A l'égard des Européens le problème est autrement compliqué. Ceux-ci ont des exigences plus grandes; ils ont été de bonne heure accoutumés à la multiplicité des rouages sociaux; et cependant, sur une terre neuve il faut absolument que nous simplifions le mécanisme officiel, afin qu'il ne joue pas là-bas le rôle d'un poids mort excessif.

Pour obtenir cette simplification, j'estime qu'il faut introduire ici une distinction radicale entre ce que j'appellerai l'administration courante et ce que j'appellerai la haute administration ou le gouvernement :

1° *De l'administration courante.* — Nous avons, par hypothèse, réuni autour des principales stations de la ligne un certain nombre de familles venues de la métropole, pour peu que le climat s'y prête. Nous avons donc constitué des centres. Nous pourvoirons chaque centre d'institutions municipales très larges. Nous municipaliserons toutes les attributions ordinaires de l'autorité publique. Nous ne pouvons pas avoir la sotte prétention de transplanter dans un pays pauvre et pressé d'agir le luxe administratif, qui est le privilège ou le défaut des vieilles civilisations.

Je voudrais pour ma part que dans chaque centre important les Français eussent le droit d'élire un Conseil municipal (présidé par le Maire), un juge de paix et un instituteur. Le juge de paix, assisté, dans certains cas, si l'on veut, de deux citoyens, comme assesseurs, aurait une compétence intégrale, en matière civile, commerciale, répressive; mais, sauf pour les petits procès, il ne statuerait jamais qu'en premier ressort. Il appartiendrait au Conseil municipal de voter les taxes destinées à couvrir les frais des services et des travaux publics utiles à la communauté. La Compagnie de chemin de fer qui a des caisses et des comptables deviendrait aisément le trésorier des communes.

Dans ces mêmes centres nous trouverions de plus celui qui, selon moi, pourrait être le meilleur et le plus populaire agent d'une colonisation pacifique, le médecin, rémunéré par la triple clientèle qu'il est appelé à desservir : les communes européennes, les tribus indigènes et la Compagnie du chemin de fer soucieuse de la santé de ses employés.

La Compagnie de chemin de fer et les communes devraient en outre posséder et entretenir des forces de police, capables de défendre vigoureusement contre toutes les attaques du dedans et du dehors les personnes et les biens.

Dans mes propositions par conséquent je remets toute l'administration courante de la région aux municipalités, investies dans l'ordre judiciaire, administratif, fiscal d'une compétence plénière.

Je ne réclame pas du tout pour nos sociétés en formation des institutions provinciales. Loin de là. J'ai depuis longtemps cette opinion, née de l'observation des faits, qu'à part d'honorables exceptions les Conseils généraux de nos colonies, par leur prétention turbulente à l'exercice de droits quasi régaliens sur l'ensemble d'un territoire, ont plus souvent mis le désordre que l'ordre dans les affaires publiques, et qu'ils ont ainsi compromis plus d'une fois les intérêts de l'État sans mieux servir pour cela les intérêts locaux.

2° *De la haute administration ou du gouvernement.* — A qui devrons-nous conférer la haute administration, ou, si l'on préfère, le gouvernement du territoire découpé en grandes communes? Voulant des résultats solides et des progrès suivis, je n'hésite pas à déclarer que le Gouvernement doit appartenir dans nos nouvelles colonies aux représentants de l'État et à ceux-là seuls.

Je n'accepte pas du tout pour ma part la combinaison, inutile et dangereuse, qui consiste dans une délégation contractuelle de la souveraineté, totale ou partielle, à des Compagnies de marchands, à des syndicats mobiles d'actionnaires.

La solution que je recommande a, je crois, le mérite de présenter au profit des habitants de la colonie, par l'entrée en scène de l'État, un maximum de garanties. De plus elle grève aussi peu que possible le budget national; je ne songe point en effet à investir les représentants de l'État d'attributions de détail, et je réduis ainsi au minimum le nombre des fonctionnaires envoyés par la métropole.

Quelles sont les prérogatives positives que je réserve expressément à l'État?

1° J'ai déjà énoncé que l'État devait rester le protecteur vigilant des indigènes. Vis-à-vis de ceux-là il a manifestement à notre époque une tâche délicate à remplir, la tâche d'éducateur. Les grandes Compagnies se sont toujours signalées, quand il s'est agi du relèvement des indigènes dans leurs domaines, par la méconnaissance à peu près complète de ce genre de devoirs, peu lucratifs, il est vrai.

2° En ce qui touche plus spécialement les Européens, l'État ne peut non plus abandonner son droit de contrôle sur les pouvoirs locaux. Il faut bien qu'il garantisse les individus ou les minorités contre les abus d'autorité des agents, contre les tyrannies de clocher, contre l'oppression quelquefois vexatoire de majorités intolérantes. C'est pour cela, que l'État interviendra, quand il le faudra, sous diverses formes, dans la gestion des affaires locales. C'est ainsi, dans mon opinion, que l'État devra ratifier ou refuser de ratifier le choix du maire, du juge de paix ou de l'instituteur désigné par les électeurs de chaque centre. C'est ainsi que l'État sera muni à l'endroit de ces fonctionnaires d'un pouvoir de suspension et de révocation. C'est ainsi que l'État aura la faculté d'approuver ou de ne pas approuver les taxes, emprunts et budgets votés par les Conseils municipaux. Vis-à-vis de la Compagnie de chemin de fer, l'État homologuera ou n'homologuera pas les tarifs de transport, les conditions de la remise des terres aux colons. C'est l'État qui règlera la constitution des forces de police, rassemblées par les municipalités et par la Compagnie; c'est l'État qui dans les circonstances extraordinaires pourra requérir ces forces pour la conservation de l'ordre ou pour la défense de la colonie.

3° Je réserve de plus aux Cours d'appel de la République les plus rapprochées des territoires nouveaux le soin de statuer, comme juridictions de second degré, sur les procès soumis en première instance aux juges municipaux.

4° Je maintiens intact, absolu pour l'État, le droit d'établir à son heure et dans la mesure qu'il déterminera lui-même des impôts nationaux sur tous les biens et sur toutes les personnes. Mais je me hâte de remarquer que, par suite des propositions qui précèdent, l'État ne fait pour ainsi dire aucune dépense propre pour ces jeunes colonies, puisque les charges de la mise en valeur du territoire et de son administration incombent en réalité à la Compagnie de chemin de fer, aux municipalités européennes et peut-être jusqu'à un certain point aux tribus indigènes. Aussi j'exprime avec insistance le souhait que l'État ne grève pas trop tôt et très impolitiquement les contribuables de nos possessions lointaines. Des colonies naissantes ne peuvent croître qu'avec des impôts faibles; le meilleur emploi de leurs ressources particulières doit être au début la constitution de leur outillage public ou privé. Tout au plus conseillerais-je à l'État, pour affirmer son droit fiscal et pour réserver l'avenir, de prélever sur les recettes municipales une quotité légère (*ou de réclamer par dessus les impôts municipaux quelques centimes additionnels*); cette façon d'agir aurait l'avantage de rendre insignifiants les frais de perception des contributions qu'il encaisserait.

5° Enfin il va de soi que, au point de vue diplomatique et vis-à-vis de l'étranger, l'État seul représenterait la colonie qui n'est qu'un lambeau de la France.

Conclusions.

Telles sont les conclusions auxquelles je suis arrivé, en ne m'inspirant pas du tout, je le confesse, en prenant même le contrepied des idées qui avaient sous la monarchie présidé à la fondation des grandes Compagnies.

La caractéristique du système que j'ai exposé, c'est que je ne rapproche pas, c'est que je ne confonds pas la question économique et la question politique. Je sépare au contraire essentiellement l'une de l'autre et je les traite toutes deux différemment.

Pour résoudre la question économique, je propose de créer des sociétés qui auront pour objet principal, sinon unique, d'exécuter de grands travaux publics, spécialement des chemins de pénétration.

Ces sociétés recevront des dotations foncières ; sur les terres qui leur seront accordées, elles devront appeler et installer des immigrants choisis.

Pour résoudre la question politique, je propose de créer des municipalités européennes, qui assureront dans toutes ses branches l'administration locale.

Quant à l'État, il conservera la tutelle des indigènes ; il aura dans les choses graves de l'administration et de la justice le dernier mot ; il retiendra inaltéré son droit de taxation ; sans dépense notable de force et d'argent, il surveillera tout ; il pourra de haut donner les directions supérieures ; il ne livrera jamais à une corporation aucun fragment de la souveraineté, qui est et doit rester le bien indivisible de la nation.

P.-S. — Je viens de formuler un programme de colonisation que je voudrais voir appliquer à nos possessions les plus récentes ; et plus d'une de nos possessions anciennes hélas ! est par notre incurie retournée, comme la Guyane, à l'état de nature. Mais pour mettre en valeur le domaine extérieur de la France, il est des forces que nous devrions constituer, reconstituer, mieux employer, et que nous laissons dormir, ou que nous paralysons, ou que nous détruisons même.

L'une de ces forces, que je crois bien connaître et qui, considérable par son budget, pourrait être féconde par sa masse, à condition qu'elle fût dirigée avec vigueur, avec esprit de suite, avec intégrité, c'est l'administration pénitentiaire. Malheureusement il semble dans ces derniers temps que, au lieu de redresser un instrument peut-être faussé, on ait tout fait, spécialement en Calédonie, pour le briser. Cependant la participation de la main-d'œuvre pénale à l'exécution des chemins de pénétration, de ces chemins qui sont le meilleur moyen d'entamer les régions nouvelles, c'est la thèse que je soutiens depuis des années et pour l'étude technique de laquelle je suis allé successivement à Aïn-Sefra, à Tuggurt, à Merw, parce que je voulais creuser ce problème autrement que dans les livres et que je tenais à comparer sur place les procédés des Russes et les procédés de mes compatriotes. Pour citer un exemple, la main-d'œuvre pénale devrait,

3

selon moi, contribuer à la mise en train du Transsaharien. La pénétration française au Soudan doit se réaliser d'abord et d'urgence par le Sénégal; là nous sommes rapprochés du but; elle pourra ensuite, mais moins hâtivement, se réaliser par le Sud de l'Algérie. Pour que ce dernier tracé ne se heurte pas à l'opposition des gens du désert, nous devons leur expliquer que, du Sud de l'Algérie jusqu'au Niger, nous allons, comme dans l'Oued-Rir, faire jaillir l'eau du sol et surgir les forêts de palmiers. Pour frapper les imaginations, nous annoncerions aux Touaregs que la sonde de nos ingénieurs va extraire des sables un fleuve, et que notre chemin de fer à voie étroite ne sera lui-même qu'un chemin de service, reliant dans l'intérêt du pays le chapelet des oasis et la série des cultures. Les jurisconsultes arabes ont à ce sujet imaginé une belle théorie juridique; ils professent que même sur le domaine du Sultan celui-là acquiert la propriété de la plantation qui a vivifié par son industrie la terre stérile. Vivifions donc par le rail et par l'eau une partie du Sahara, terre morte qui depuis des siècles ne porte plus de moissons.

Il est d'autre part des groupes d'hommes irréprochables, qui ont déjà rendu des services à l'État et qui en rendraient un de plus, ne fût-ce qu'en donnant du ton, de la solidité et de la respectabilité à notre colonisation française. J'ai cherché à poser les bases d'un projet spécial qui nous permettrait de payer une dette nationale envers de braves gens et d'asseoir notre domination sur des provinces où notre autorité ne sera jamais trop vigoureuse. Je soumettrai volontiers mes vues au gouvernement, le jour où le gouvernement jugera le moment venu d'opérer sur des territoires salubres et avec des matériaux de choix une colonisation de fond et non plus une colonisation de surface. Quand l'an dernier je défendais avec fermeté le droit, indiscutable pour moi, de l'État sur le domaine public de Calédonie, je songeais déjà à établir sur ce domaine conquis par la France et pour la France une population métropolitaine honnête, qui dépense sans marchander sa vie et son sang pour la patrie. Je regrette d'avoir été en cette circonstance l'avocat insuffisant d'une cause juste.

Il est enfin une classe de Français qu'il faudrait rallier au drapeau de l'expansion coloniale. C'est cette bourgeoisie qui, par l'effet d'une longue tradition, possède ces deux vertus robustes, l'habitude du travail et le goût de l'épargne. Il faudrait la convaincre que dans nos territoires nouveaux il est plus d'une opération rémunératrice qui pourrait être poursuivie. Les capitaux bourgeois ne dédaignent pas les profits un peu larges de l'industrie quand ces profits ne sont pas achetés par des risques trop gros. Il serait possible, en les imprégnant de certaines idées, d'influencer les héritiers de ces propriétaires et de ces négociants heureusement si nombreux en France. Nous devrions communiquer à ces jeunes gens la curiosité des voyages, faciliter leurs déplacements, les promener en les instruisant dans nos possessions d'outre-mer. Nous obtiendrions ainsi non pas seulement le concours actif et personnel des fils, mais, ce qui ne serait point à mépriser, le concours fortifiant des capitaux des pères.

Un dernier mot. Notre colonisation française du XIXe siècle, si nous savons la conduire, peut réussir mieux que ne l'a fait notre colonisation du XVIIe et du XVIIIe siècle. Elle peut réussir mieux parce que nous pouvons disposer, pour agir, de deux leviers, tandis que nos ancêtres n'en avaient qu'un. Sous le nom de Français coexistent aujourd'hui deux peuples d'origine distincte, des Français de race blanche, des Français de race noire. Ils conviennent séparément à la colonisation de pays de latitude diverse. Les premiers sont propres à féconder les territoires de la zône tempérée; les seconds, qui sont désormais dotés des mêmes droits que nous, et qui sont, autant que nous, armés de toutes les ressources de la science européenne, pourraient à leur tour commencer leur apostolat et préparer un peu par eux-mêmes l'émancipation graduelle de leurs frères du Soudan et du Congo. Mais cette campagne civilisatrice, qui procurerait honneur et profit à notre patrie, doit être menée, si l'on veut qu'elle réussisse, par des chefs qui en comprennent la grandeur et qui soient tous d'une capacité et d'une droiture éprouvées.

J. LEVEILLÉ.

Villers-sur-Mer, le 20 septembre 1890.

PROJET D'AVIS

PROPOSÉ AU CONSEIL SUPÉRIEUR DES COLONIES PAR SA COMMISSION SPÉCIALE.

§ Ier. — Le Gouvernement, en vertu de l'art. 18 du Sénatus-Consulte de 1854, a le droit de régler par décret le régime des Compagnies privilégiées de colonisation.

§ II. — Notre situation coloniale exigerait que le Gouvernement usât de cette faculté dans le plus bref délai possible en attendant que le vote d'une loi organique vint confirmer ses pouvoirs.

§ III. — La constitution des Compagnies privilégiées de colonisation doit être entourée des garanties suivantes :

1° Les Compagnies coloniales devront être constituées en sociétés commerciales;

2° Les demandeurs en concession seront tenus avant toute émission de titres de verser une fraction importante du capital. La sincérité du versement exigé et le contrôle des avantages particuliers stipulés en faveur des apports devront être rigoureusement organisés par l'État.

Le Président et les membres du Conseil d'administration devront justifier de la possession d'un nombre d'actions nominatives à déterminer.

3° Le Président et les trois quarts des membres du Conseil d'administration, les directeurs et les agents généraux des Compagnies privilégiées de colonisation devront être Français.

4° Le nombre des étrangers admis à voter dans les assemblées générales d'actionnaires sera limité au quart.

5° Le siège principal de ces sociétés devra être en France.

§ IV. — Le privilège des Compagnies de colonisation pourra se composer de tout ou partie des avantages ci-après déterminés :

1° Le droit exclusif de propriété sur la partie des territoires concédés, pouvant être considérés comme *res nullius* et dont l'État s'est arrogé la possession souveraine, sous la réserve des enclaves, voies d'accès ou de halage, qu'il jugerait nécessaire de se réserver à toutes fins utiles;

2° Le droit exclusif d'acquérir les parties du sol occupées par les indigènes;

3° Le monopole des travaux publics et de leur exploitation; de la recherche et de l'exploitation des mines et carrières; de l'exploitation méthodique et régulière des forêts; de la chasse des éléphants; de la pêche du corail, des nacres et perles, et en général de toute exploitation quelconque du sol;

4° La faculté d'établir des banques jouissant du privilège d'émettre des billets et de la monnaie métallique frappés dans la métropole;

5° Le droit d'établir des taxes d'entrée, de sortie et de transit sur les marchandises, taxes dont l'État fixerait le tarif;

6° Le droit d'imposer, en échange de services publics, aux indigènes et colons, des contributions en espèces ou en nature, dont l'État fixerait la quotité, l'assiette et le mode de recouvrement;

7° Un régime de faveur aux produits du territoire concédé à leur entrée dans la métropole, sous condition de réciprocité;

8° L'exemption de tous droits qui pourraient être perçus par l'État ou les colonies sur le matériel et les approvisionnements de la Compagnie depuis la métropole jusqu'au territoire concédé;

9° La faculté d'utiliser la main-d'œuvre pénale à des conditions déterminées;

10° La faculté d'organiser l'immigration dans les territoires concédés, à l'instar de nos autres colonies.

§ V. — L'État pourra déléguer aux Compagnies de colonisation tout ou partie des droits politiques, administratifs et judiciaires ci-après déterminés :

1° Droit d'organiser l'administration rudimentaire de toute agglomération de colons qui viendrait à se former sur leur territoire;

2° Attribution des fonctions d'officiers d'état civil et d'officiers de police judiciaire aux agents de la Compagnie dans le ressort de leur résidence;

3° Droit pour la Compagnie d'édicter des règlements de police administrative;

4° Droit d'organiser, dans le but d'assurer la sécurité intérieure de la colonie, une force de police européenne ou indigène dont le commandement appartiendra exclusivement à des Français et dont la composition sera soumise à l'agrément du Gouvernement;

5° Attribution aux agents de la Compagnie des fonctions d'assesseurs auprès du Haut Commissaire dans l'exercice de la justice. Ces fonctions pourront être également attribuées aux autres colons;

6° Droit d'organiser l'instruction primaire et professionnelle des colons dans l'étendue du territoire concédé;

7° Droit d'ouvrir et de conclure des négociations avec les chefs indigènes ou avec les Compagnies rivales étrangères, sous réserve de l'approbation de l'État avant toute exécution;

8° Droit de sous-céder tout ou partie des avantages concédés, sous réserve de l'approbation préalable de l'État.

§ VI. — En échange des avantages concédés, l'État pourra imposer aux Compagnies de colonisation tout ou partie des obligations suivantes :

1° Mise à la charge des Compagnies des frais de police, d'administration et de justice, dont le montant serait fixé d'accord avec l'État;

2° Obligation pour les compagnies de colonisation d'organiser des missions d'exploration, non seulement sur les territoires concédés, mais sur les territoires environnants, de dresser des cartes et contribuer par tous les moyens possibles à la connaissance du pays;

3° Obligation de dresser un livre terrien partout où la propriété sera mise en valeur;

4° Obligation d'établir des centres d'approvisionnements et des dépôts de charbon sur des points à déterminer;

5° Obligation de se conformer aux règlements imposés par l'État, en ce qui concerne le trafic des armes et de la poudre et l'importation du sel;

6° Obligation de respecter la religion, les lois et les mœurs des indigènes, sauf dans ce qu'elles ont d'absolument contraire à l'humanité;

7° Obligation d'organiser des écoles pour les enfants indigènes;

8° Obligation de respecter les traités existants et adhésion anticipée aux traités futurs;

9° Obligation de prêter leur concours à toutes les mesures antiesclavagistes.

§ VII. — Les rapports de l'État avec les Compagnies pourraient être ainsi réglés :

1° L'État agrée le directeur, les agents généraux et les officiers des milices des Compagnies privilégiées de colonisation ;

2° Il dresse d'accord avec elles, le budget annuel de leurs dépenses d'administration, de police et de justice ;

3° Il fixe le tarif des taxes d'entrée, de sortie et de transit ;

4° Il fixe la quotité, l'assiette et le mode de recouvrement des contributions que les Compagnies sont autorisées à lever sur les indigènes et colons ;

5° Il ratifie les conventions et traités passés entre les Compagnies et les indigènes, ou entre les Compagnies ou leurs rivales étrangères.

6° Il ratifie la sous-cession faite par les Compagnies de tout ou partie de leurs privilèges ;

7° Il désigne et rétribue un fonctionnaire placé en qualité de Commissaire de la République auprès des Compagnies pour rendre la justice sur leur territoire, avec l'aide d'assesseurs choisis parmi les colons ou les agents de la Compagnie, renseigner le Gouvernement sur la marche des affaires de la Compagnie, intervenir soit auprès des indigènes, soit auprès des puissances voisines, et exercer les pouvoirs dévolus à nos consuls en Orient et en Extrême-Orient.

§ VIII. — Les décrets de concession devront stipuler d'une manière précise la durée de la concession, les causes de déchéance et de résiliation, les conditions dans lesquelles les travaux exécutés par la Compagnie feront retour à l'État à l'expiration du privilège.

§ IX. — Les concessions devront, autant que possible, ne comprendre que des territoires encore inoccupés et sur lesquels ne sont point déjà établies des maisons de commerce françaises.

Dans le but de pousser les Compagnies vers l'intérieur et de les empêcher d'accaparer les voies d'accès et les débouchés, il y aurait lieu de restreindre dans une certaine mesure le développement des concessions soit sur les côtes, soit sur les rives des grandes voies fluviales.

§ X. — Les droits de nos nationaux qui pourraient être lésés d'une manière quelconque par les décrets de concession seraient soumis à une juridiction spéciale leur donnant toutes les garanties d'une procédure sommaire et d'une prompte justice. Cette juridiction pourrait être un tribunal arbitral composé de membres désignés par les parties en cause et départagés au besoin soit par le vice-président du Conseil d'État, soit par le président du tribunal civil de la Seine.

Les décisions de ce tribunal seraient souveraines et sans appel.

CONSEIL SUPÉRIEUR DES COLONIES

(Assemblée générale).

Compte rendu sténographique, d'après le *Journal officiel* du 9 novembre 1891.

Séance du lundi 25 mai 1891.

PRÉSIDENCE DE M. ÉTIENNE

Sous-secrétaire d'État aux colonies.

M. le président. La 2e section nous a remis le travail que le conseil supérieur l'avait chargé de faire à l'effet de rédiger, sous forme d'articles, un projet d'avis sur les chartes à concéder ultérieurement par le Gouvernement.

Vous êtes saisis, messieurs, de ce document, et je vais mettre en discussion, si vous le voulez bien, chacun des paragraphes de ce projet.

M. Leveillé. Je demande la parole sur l'ensemble du projet.

M. le président. Vous avez la parole.

M. Leveillé, *professeur à la Faculté de droit de Paris.* Messieurs, j'ai fait partie de la commission instituée, il y a quelques mois déjà, par M. le ministre du commerce, commission qui a conclu à la nécessité d'un projet de loi pour déterminer les conditions dans lesquelles pourraient être formées de grandes compagnies de colonisation. J'insiste sur ce point. M. Rousseau avait soutenu dans cette commission, comme il l'a fait ici d'ailleurs, l'opinion que le Gouvernement pouvait procéder par voie de décret pour les concessions à faire à ces compagnies. Mais il n'a pu faire triompher son opinion dans la commission ministérielle.

Nous avons, en effet, pensé que le pouvoir exécutif n'avait pas le droit de créer les compagnies de colonisation par voie de simple décret; et, pour mon compte, je persiste dans cette opinion, malgré la décision qui a été prise par le conseil supérieur dans sa dernière séance.

Je vais plus loin. Quant même un décret suffirait pour constituer ces compagnies, — ce que je n'admets pas, — j'estime qu'au point de vue politique ce serait une immense bévue que d'essayer de créer ces compagnies par voie de décret.

Plus tard, lorsque vous avez, dans le sein du conseil supérieur, nommé une sous-commission chargée d'étudier le projet du Gouvernement, vous avez ouvert libéralement ses rangs à tout le monde. Je n'ai pas demandé à en faire partie, parce que j'avais le désir de voir entrer dans cette sous-commission les représentants du commerce et de l'industrie, pour qu'ils pussent, sans mélange d'éléments étrangers, formuler comme ils les comprennent leurs cahiers.

Nous sommes aujourd'hui en présence de ces cahiers. Nous avons tous lu le rapport remarquable qui a été rédigé par plusieurs de nos jeunes collègues; puis nous venons de recevoir à cette séance même un document plus net, encore plus clair, mais aussi plus compromettant peut-être, précisément parce qu'il est plus précis.

Après la lecture des quarante premières pages du rapport, on pouvait se méprendre sur la pensée qu'on voulait faire prévaloir. Mais dans le document résumé qui vient de vous être distribué nous apercevons mieux la série des dispositions anormales qu'on nous propose d'adopter.

Cela dit, je demande à exprimer très franchement mes vues sur la question de forme et sur la question de fond.

Sur la question de forme, je ne veux pas rouvrir la discussion.

Elle a été plus ou moins complète dans la dernière séance, et vous avez statué, messieurs, dirai-je dans votre souveraineté? Ce mot n'est peut-être pas exact, car vous n'êtes en somme qu'un conseil consultatif; vous ne décidez rien.

Dans la commission ministérielle, nous avions conclu à l'emploi d'une procédure très raisonnable, à mon avis, et suffisamment rapide.

Nous demandions avant toute chose qu'une loi organique très courte, débarrassée de tout détail, intervînt; et nous pensions qu'en faisant appel au patriotisme des Chambres, cette loi aurait pu être votée très vite. Le Gouvernement, selon nous, devait prendre cette attitude correcte et prudente devant le Parlement.

Nous demandions donc une loi de principe, puis, à la suite de cette loi, des décrets d'exécution. C'est le mode de procéder qu'a lui-même employé M. de Bismarck, qui n'est cependant pas un homme timide. On lui avait dit pourtant, à lui aussi, qu'il pouvait recourir à la voie des décrets, et le chancelier d'Allemagne a réclamé et obtenu une loi de principe.

Vous avez pensé, messieurs, qu'en France vous pourriez vous passer du concours du pouvoir législatif. En cela j'estime que vous vous êtes trompés.

Dans le document qui vient de nous être distribué, je trouve bien indiquée l'intervention future d'une loi organique; mais, par une inversion bizarre, la loi organique ne viendrait qu'après les décrets d'exécution! La loi organique, en effet, ne serait sollicitée des Chambres que dans un lointain avenir, dans le vingtième siècle peut-être; et, en attendant, les décrets livreraient à des compagnies favorisées nos territoires disponibles! On ajoute même que les concessions devraient être décidées d'urgence.

Plusieurs membres. Naturellement!

M. Leveillé. Dans le dernier document, par conséquent, on reconnaît qu'on ne peut pas se passer du Parlement; mais on ne lui fera appel que plus tard, que trop tard, c'est-à-dire qu'on lui demandera de dresser le menu quand le dîner aura été mangé.

Je doute que le Parlement chargé du contrôle des actes du Gouvernement accepte cette situation étrange. Nous avons d'ailleurs entendu ici plusieurs membres éminents du Parlement, qui ont suffisamment exprimé leur opinion sur ce point. Après leurs déclarations concises et fermes, il faudrait être aveugle pour croire que les Chambres se laisseront faire.

Remarquez, messieurs, la façon significative dont sont rédigés les deux premiers articles du document que vous venez de recevoir.

L'article 1er dispose que des décrets simples (il ne s'agit pas de décrets rendus en conseil d'Etat ni de décrets rendus en conseil des ministres), des décrets simples commenceront par accorder les territoires aux compagnies; puis, l'art. 2 ajoute maladroitement que la loi organique viendra ensuite confirmer les pouvoirs du ministre qui aura fait les concessions. Ce texte, rédigé par la sous-commission, atteste donc que sans une loi le ministre n'a que des pouvoirs insuffisants pour instituer les compagnies. Je retiens l'aveu.

M. François Deloncle. Je demande la parole.

M. Leveillé. Je suis heureux d'avoir sous les yeux et dans les mains le précieux document qui vient de nous être distribué. Il est imprimé *ne varietur* (*Interruptions*), et il restera.

Voilà ce que j'avais à dire sur la question de forme. J'arrive maintenant au fond.

Je me bornerai à traiter deux points : Que demandent au juste les partisans des grandes compagnies? et quelle situation veulent-ils faire à l'Etat?

Si les grandes compagnies de colonisation ne réclamaient que la liberté de se grouper, de concentrer des capitaux, d'agir comme bon leur semble, personne ne se lèverait contre elles, car la liberté d'association commerciale est entière chez nous, et toute discussion serait inutile. Mais, en lisant attentivement le projet qui nous est soumis, on voit tout de suite que les grandes compagnies demandent autre chose.

Elles réclament des délégations de souveraineté, elles veulent devenir des gouvernements. Le mot est dans le projet, et quand même il n'y serait pas, la chose s'y trouve. Elles demandent des exemptions d'impôts métropolitains. Elles veulent en outre disposer, dans des conditions déterminées, il est vrai, des contingents pénitentiaires, toutes choses qui rentrent dans les attributions de l'État. Elles demandent la propriété de tout un territoire public, de tout un pays et, enfin, le monopole général de tout le commerce. (*Réclamations diverses*).

M. le président. Messieurs, veuillez ne pas interrompre. Vous répondrez.

M. Leveillé. Je demande pardon aux personnes qui protestent. Voici ce que je lis dans le document qui vous a été distribué :

« Les compagnies auront le monopole des travaux publics et de leur exploitation ; de la recherche et de l'exploitation des mines et carrières ; de l'exploitation méthodique et régulière des forêts ; de la chasse des éléphants ; de la pêche du corail, des nacres et perles et, en général, de toute exploitation quelconque du sol. »

M. Jules Ferry. Que reste-t-il après cela ?

Plusieurs membres. Nous discuterons.

M. Leveillé. Le mot « commerce » n'y est pas, mais le mot « toute exploitation » y est.

En retour de ces avantages énormes, quelles obligations imposez-vous aux compagnies ? quelle contre-valeur exigez-vous d'elles ? Il n'y a pas d'obligations imposées ! il n'y a pas de contre-valeur exigée ! Les compagnies feront ou ne feront pas de travaux publics, comme il leur plaira. Nulle part on ne les contraint à exécuter un travail public quelconque.

Voilà la situation, que vous voulez assurer aux compagnies. Laissez-moi vous dire qu'elle est absolument inadmissible.

J'ai étudié cette question si grosse des grandes compagnies pendant mes dernières vacances. J'étais alors au courant des moindres détails de la question ; depuis cette époque, quelques-uns de ces détails ont pu sortir de ma mémoire. Mais je viens de relire attentivement le texte qui vous est soumis. J'ai d'ailleurs examiné avec soin les dispositions contenues dans les chartes étrangères publiées à la fin du rapport, et notamment la charte belge pour le Congo et la charte portugaise pour le Mozambique. Ces chartes confèrent, je le reconnais, de grands pouvoirs, de nombreux avantages aux compagnies qu'elles régissent ; mais partout, messieurs, je trouve une contre-valeur. Ces compagnies doivent exécuter des chemins de pénétration, des chemins de fer entre autres. Ce sont là des charges précises et lourdes qui leur sont imposées, tandis que, dans votre projet, il n'y a pas l'ombre d'une obligation quelconque d'exécuter des travaux publics.

On a parlé de monopoles. Les chartes anglaises, les plus libérales de toutes, accordent-elles des monopoles ? Non, elles les prohibent...

M. Revoil. Mais elles les organisent de la façon la plus complète.

Un membre. Vous le démontrerez.

M. Revoil. Parfaitement, et de la façon la plus nette. L'incident Mizon est là pour le prouver.

M. Jules Ferry. En tout cas, vous proposez d'imiter les Anglais sur ce point.

M. Leveillé. Je ne suis pas l'adversaire des grandes compagnies ; mais je dis que nous pouvons leur permettre d'accomplir leur œuvre par des moyens de droit commun. Je m'élève contre les procédés extraordinaires que vous employez, et j'affirme que votre projet n'est d'un bout à l'autre qu'un tissu d'illégalités — je dis « illégalités » au pluriel.

Quant à la question des délégations de souveraineté, un jurisconsulte, M. le sénateur Godin, nous a dit, avec l'autorité de ses études, qu'il n'admettait pas que la souveraineté pût être déléguée à un particulier. M. Godin a raison ; cette délégation porterait sur des devoirs encore plus que sur des droits, et un Etat qui ferait cession de ses devoirs déserterait, ferait faillite à sa haute mission.

Assurément, nous déléguons tous les jours une partie de la souveraineté à des fonctionnaires ; mais il ne faut pas oublier que cette délégation a du moins un caractère essentiel, et c'est là que se trouve la garantie : la délégation est à tout instant révocable. Dans votre projet, que demandez-vous ? Des délégations de pouvoirs pour quatre-vingt-dix-neuf ans, des délégations fermes, contractuelles. Cette disposition-là est inadmissible.

Dans la commission ministérielle, nous avions aussi examiné s'il était possible d'accorder aux compagnies certaines délégations de pouvoirs souverains, et dans notre 1re commission, remarquez que nous n'usions pas des décrets, nous recourions à l'intervention de la loi, et malgré cela nous n'avons pas osé consacrer, même au moyen d'une loi, des délégations sérieuses de souveraineté.

Les étrangers, dont on parle, font-ils des délégations des pouvoirs souverains? En apparence, oui; mais en allant au fond des choses, on constate bien vite que ces délégations ne sont guère que des mystifications. (*Réclamations.*)

Je vais le démontrer. Prenez, par exemple, les chartes anglaises. Il y est écrit en toutes lettres que la reine se réserve le droit, à quelque époque et dans quelque cas que ce soit, de révoquer la charte octroyée. (*Interruptions.*)

Je suis tout prêt à accorder des délégations de pouvoir si elles sont, comme dans les chartes anglaises, révocables *ad nutum*. Mais dans son projet la sous-commission veut que ces délégations soient données d'une façon ferme. (*Nouvelles interruptions.*)

On m'objecte que la sous-commission admet des cas de déchéance de la concession. Nous avions, dans notre commission, des membres éminents du conseil d'Etat qui nous ont déclaré que jamais on n'appliquait les clauses de déchéance. (*Protestations.*)

Ceux qui peuvent citer une déchéance opérée sont des érudits.

M. Rousseau. Il y a eu la déchéance de la compagnie du chemin de fer de la Réunion.

M. Leveillé. Et les ministres allemands, comment procèdent-ils? Ils font des concessions, mais ils se réservent le droit d'édicter dans l'avenir tous les règlements d'exécution. Quand un ministre comme M. de Bismarck, quand l'empereur Guillaume, formulent une pareille disposition, on sait ce que cela veut dire. L'Etat reste toujours le maître.

J'estime donc que vous ne pouvez pas faire de délégations de souveraineté par voie de décret. J'estime qu'il serait imprudent de les faire même par voie législative. Personne n'a le droit de déléguer des pouvoirs souverains dans les conditions d'irrévocabilité que vous proposez.

Quant aux exemptions d'impôts, je reconnais qu'elles ne sont pas considérables; mais elles seraient accordées pour une longue durée, quatre-vingt-dix-neuf ans.

Et c'est par voie de décret que vous engageriez ainsi à long terme les finances et les droits du pays.

Qu'est-ce donc, messieurs, qu'un décret simple? C'est la signature du Président de la République apposée au bas d'une proposition faite par le ministre des colonies seul, le ministre des finances n'étant pas même consulté; ce n'est pas le décret rendu en conseil d'Etat, ce n'est pas le décret rendu en conseil des ministres; c'est le décret réduit au minimum de garantie. Une telle façon de procéder n'est pas sérieuse.

En ce qui concerne la disposition de la main-d'œuvre pénale par les grandes compagnies, je ne veux pas épisodiquement discuter cette question si grave, sur laquelle j'ai mon opinion faite comme criminaliste. Mais nous avons au milieu de nous un représentant du ministère de la justice, plus qualifié que moi pour intervenir dans ce débat. Je pense bien que la sous-commission, avant de nous proposer un pareil texte, a dû prendre l'avis de M. le garde des sceaux, chargé d'assurer partout le respect de la légalité dans l'exécution des peines. Quand nous en arriverons à cet article du projet, je demanderai que cet avis nécessaire de M. le garde des sceaux nous soit communiqué.

J'estime donc, messieurs, que sur tous ces points les demandes des grandes compagnies ne peuvent pas être acceptées, et je comprends très bien qu'en présence de pareils privilèges à accorder, vous n'ayez pas voulu soumettre de semblables dispositions à la sanction du Parlement. (*Interruptions diverses*).

M. le président. Ces dernières paroles, peu bienveillantes pour des collègues, ont certainement dépassé la pensée de M. Leveillé.

M. Leveillé. Je m'empresse de retirer toute parole qui pourrait en la forme froisser l'un de mes collègues.

M. Schœlcher. Mais M. Leveillé n'a prononcé aucune parole blessante...

M. Leveillé. Monsieur le sénateur, j'accepte l'observation de M. le président.

J'arrive à la dernière question que je veuille traiter.

Quel est le rôle que la sous-commission veut réserver à l'Etat? Je ne crois pas prononcer une parole blessante en disant que le rôle de l'Etat dans le système de la commission sera absolument piteux.

Vous lui prenez ses droits de souveraineté! vous lui prenez ses impôts! Je me demande à ce propos si l'Etat aura le droit lui-même dans les territoires concédés de lever des impôts. J'ai posé cette question dans la commission ministérielle; un de mes honorables collègues m'a répondu que l'Etat n'aurait plus ce droit. J'ai vivement protesté contre cette doctrine. J'ai, depuis, constaté que la réponse imprudente qu'il m'avait faite sur ce point a été supprimée par lui dans le procès-verbal.

Quand le projet revint en dernière lecture devant la commission ministérielle, je posai de nouveau la même question : L'Etat aura-t-il ou non le droit de lever des impôts dans les territoires concédés? Et je réclamai une réponse formelle.

On me répondit alors : Il va de soi que l'Etat pourra lever des impôts, mais il est inutile de le dire.

Je suis au contraire d'avis qu'il est nécessaire de le dire, afin que l'Etat conserve du moins quelques droits certains sur les territoires concédés. Si vous n'admettez pas le droit fiscal de l'Etat sur les territoires concédés, la conséquence logique sera que l'Etat ne sera plus du tout chez lui. On niait ici, dans une précédente séance, qu'il s'agît d'aliénation de territoires; une concession consentie pour un siècle, qui dépouille l'Etat du droit de lever l'impôt, ressemble furieusement à une aliénation véritable.

J'ai eu la curiosité de chercher si dans les chartes étrangères on pouvait trouver une situation analogue à celle que vous voulez créer; j'ai trouvé cette situation analogue dans la charte octroyée par le sultan de Zanzibar.

Vous savez que Saïd-Bargach, le malheureux sultan de Zanzibar, fut un jour pris à la gorge par les Allemands et par les Anglais. Il fut ainsi placé entre deux feux; on négocia avec lui un traité par des moyens un peu vifs, et Saïd-Bargach dut abandonner ses droits de souveraineté et permettre à des compagnies allemandes et anglaises de lever l'impôt chez lui. C'est un peu la situation que vous voulez faire au gouvernement français. Il y a cependant entre le cas du sultan de Zanzibar et le cas du gouvernement français cette différence : c'est que les Allemands du docteur Peters, avec une ironie charmante, ont du moins offert à Saïd-Bargach des parts de fondateur de leur grande compagnie.

La sous-commission n'offre même pas cela au gouvernement français; elle ne lui donne rien. Au sultan de Zanzibar on a laissé sa chemise; le gouvernement français, on le met nu comme ver. Voilà le système!

Je prends d'autres chartes. Le roi des Belges a stipulé qu'il lui reviendrait 40 0/0 sur les bénéfices de la compagnie du Congo; le roi de Portugal de 5 à 10 0/0. Mais dans les chartes que vous octroierez vous supprimez les droits de l'État; vous les passez sous silence.

J'ai dit qu'en France l'État n'aurait pas des parts de fondateur des compagnies nouvelles; mais il va devenir cependant un de leurs fondateurs au point de vue des responsabilités qu'il encourra.

Il endossera, en effet, des responsabilités morales et financières. Voici ce qui est écrit dans le document si précis qui nous a été distribué aujourd'hui. Lorsqu'une compagnie de colonisation se formera, il faudra verser une fraction importante du capital social. Qui vérifiera si le versement annoncé a été effectif?

Il y aura en outre le gros morceau des apports. Comme je parle devant des hommes d'affaires expérimentés, je n'entre pas dans les détails. Mais vous comprenez toute la gravité de la question des apports... Qui aura le contrôle? qui sera chargé de la vérification? qui se portera garant de la valeur des apports et de la réalité du capital? C'est l'Etat français qui aura mission de poinçonner en quelque sorte le capital social. Et vous verrez ainsi, au lendemain de la naissance des compagnies, des émissions se faire sur le dos du public, auquel on demandera un capital de tant de millions dont l'existence et la sincérité auront été reconnus et garantis par l'État. On aura le droit de le dire et de l'imprimer sur les prospectus et dans les affiches.

Je trouve cette disposition dangereuse. Vous imposez à l'Etat une obligation formidable, qui ne pèsera certainement pas sur lui au début de l'affaire, qui ne pèsera pas sur le ministre signataire de la concession, mais qui pèsera lourdement sur ses successeurs, quand les difficultés se produiront, après cinq, dix ou vingt années.

Je dis que vous garantissez le capital social, et voici une autre conséquence de cette garantie. Plus tard, lorsqu'il faudra rémunérer ce capital si facilement enflé — car l'Etat aura pu se tromper, — si les affaires sont devenues difficiles, quelle attitude prendra-t-on vis-à-vis des petits porteurs de titres? On ne sera plus en face des grands émetteurs du début, mais en face de la démocratie laborieuse qui aura échangé son épargne contre le papier de la compagnie. C'est ce qui est arrivé pour le Panama. Alors on s'efforcera de payer les dividendes au moyen d'impôts perçus coûte que coûte sur les indigènes et sur les colons.

M. Revoil. En échange d'un service public.

M. Leveillé. Je connais la formule, elle est habile. Oui, cela peut être en échange des services publics, en échange de la sécurité générale. Mais les mots ne changent pas le fond des choses. Le dividende sera payé par l'impôt. Une compagnie aura occupé un territoire pendant vingt ou trente ans; elle y aura peut-être fait très peu de chose; avec quoi payera-t-elle ses dividendes? Au moyen de l'exploitation des indigènes. Vous susciterez ainsi des révoltes provoquées par l'avidité des compagnies.

M. Revoil. Vous nous prenez donc pour les complices d'une vaste escroquerie?

M. Leveillé. Ce que j'entends soutenir, c'est que, avec une imprévoyance que je déplore, vous entrez dans une voie dangereuse.

Dans votre projet, je lis encore que les compagnies pourront lever sur les indigènes des contributions non seulement en argent, mais en nature. Vous voulez imiter le système de colonisation qui est pratiqué à l'île de Java. Là les indigènes sont astreints à la corvée, au travail forcé dans l'intérieur de l'Etat. Vous voulez organiser un petit Java d'intérêt privé.

M. Revoil. C'est absolument inexact.

M. Leveillé. C'est écrit tout au long dans le document distribué aujourd'hui.

M. Rousseau. Ce n'est pas ce que nous voulons.

M. Leveillé. Je sais très bien, monsieur Rousseau, que, si vous étiez chargé de mener cette affaire, votre intervention serait pour moi une garantie absolue. Mais nous serons en présence de fondateurs de compagnies que je ne connais pas, qui pourront être d'honnêtes gens ou avoir des qualités d'un tout autre ordre.

En résumé, je repousse absolument votre projet, non pas qu'il ne renferme pas des demandes très justes ; malheureusement, il comprend aussi des réclamations illégales, des exagérations qui font qu'en bloc je ne puis pas accepter votre système.

Vous demandez pour les compagnies des droits exorbitants ; vous ne leur imposez aucune obligation sérieuse. Vous pensez qu'elles ont le droit, en ce qui concerne les travaux publics, d'en faire ou de n'en pas faire, et aussi qu'elles peuvent en somme rançonner les indigènes par l'impôt. Elles auront un capital peut-être majoré, qui sera garanti par l'Etat, ce qui est une imprudence suprême.

Comme en réalité vous ne leur imposez aucune obligation et qu'elles auront le droit de tenir un vaste pays sous la main pendant quatre-vingt-dix-neuf ans, loin d'être une force utile pour la colonisation, elles risquent de devenir promptement un obstacle, une sorte d'*impedimentum*. Elles pourront empêcher, grâce au monopole, d'autres Français de faire quelque chose dans la région qu'elles occuperont. (*Interruptions*).

Alors qu'arrivera-t-il? C'est que le Gouvernement sera contraint de racheter la compagnie et les longs privilèges qui lui auront été témérairement consentis. Voilà ce qu'il y de plus certain dans les grandes compagnies telles que vous voulez les constituer. Elles donneront lieu d'abord à des émissions de titres, fructueuses pour les financiers qui en seront chargés. Elles donneront lieu ensuite à des rachats, fructueux pour les financiers renseignés les premiers. Je crois que le gouvernement de la République française ne doit pas prêter la main à un pareil projet.

Le conseil supérieur des colonies, dans son autorité, résoudra maintenant ce qu'il voudra ; pour moi, et dès aujourd'hui, j'en appelle de sa résolution d'abord au conseil des ministres, qui doit avoir le sentiment de sa responsabilité devant le pays ; j'en appelle ensuite au Parlement, qui a certainement le sentiment de ses droits et de ses devoirs.

PROJET DE LOI

SOUMIS PAR LE GOUVERNEMENT AU PARLEMENT

le 16 juillet 1891.

Article 1er. — Des Compagnies privilégiées formées en vue de coloniser et de mettre en valeur les territoires, situés dans les possessions françaises ou placés sous l'influence de la France, pourront être constituées par des décrets rendus dans la forme des règlements d'administration publique.

Article 2. — Ces décrets détermineront, pour chaque cas particulier, la durée de la concession, les causes de déchéance et de résiliation, le territoire concédé à la Compagnie, les avantages et privilèges qui lui seront accordés et les obligations qui lui seront imposées, notamment, s'il y a lieu, en ce qui concerne l'exécution de travaux publics.

Paris. — Imp. F. Pichon, 282, rue Saint-Jacques, et 24, rue Soufflot.

DU MÊME AUTEUR :

L'abolition de la contrainte par corps.

Notre marine marchande et son avenir.

La réforme du Code d'Instruction criminelle.

La Guyane et la question pénitentiaire coloniale.

Etude sur la loi des récidivistes (parue dans le Journal *le Temps*).

Etude sur le casier judiciaire (parue dans le Journal *le Temps*).

EN PRÉPARATION

La réforme de la transportation. Les erreurs passées (la Guyane). Les abus actuels (la Calédonie); leur gravité au point de vue pénitentiaire et budgétaire.

Paris. — Imp. F. Pichon, 282, rue Saint-Jacques, et 24, rue Soufflot.

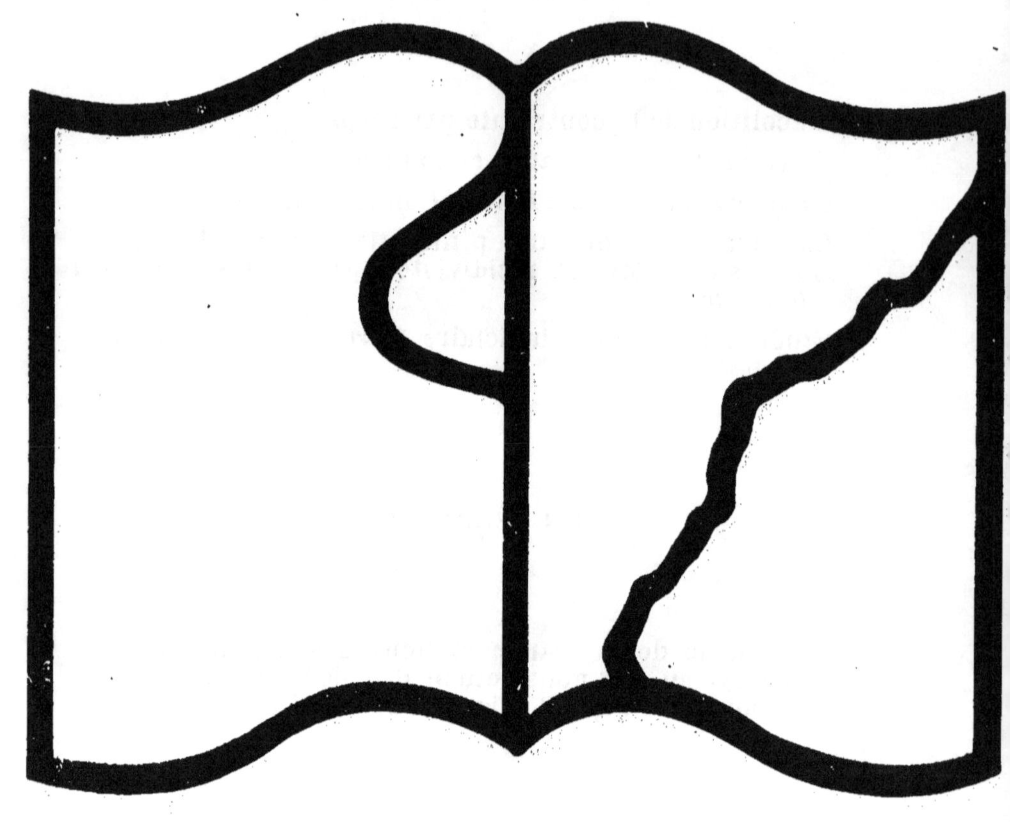

Texte détérioré — reliure défectueuse

NF Z 43-120-11

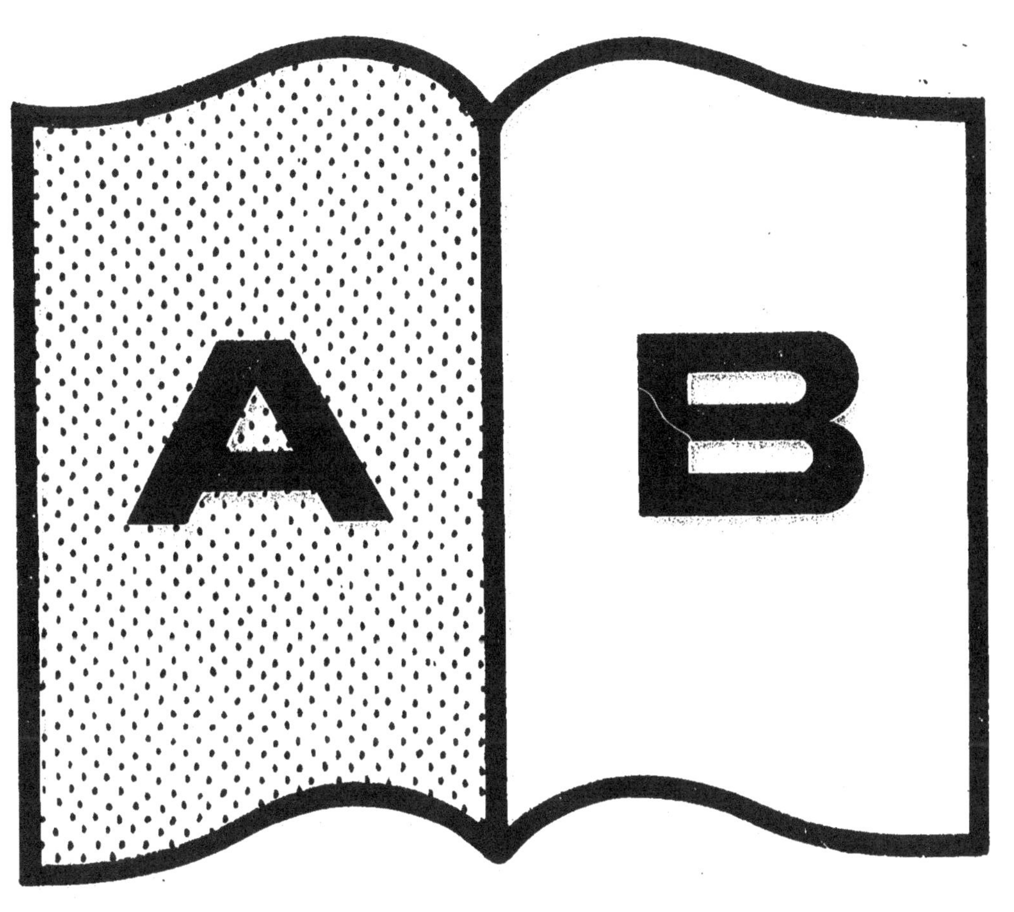

Contraste insuffisant

NF Z 43-120-14

www.ingramcontent.com/pod-product-compliance
Lightning Source LLC
LaVergne TN
LVHW020252230826
846091LV00006B/2368
* 9 7 8 2 0 1 3 3 6 1 3 9 2 *